# Les mots du cœur

YVES ANDRÉ ELIAS

Courrier électronique : ajoupas@hotmail.com

ISBN : 9798672230023

# DÉDICACE

À ma chère grand-mère :
Marcelle Maxi.

Ramenez la paix et l'amour
Au sein de mon âme épuisée,
Comme la nocturne rosée
Qui tombe après les feux du jour.

Alphonse de Lamartine


Aimons toujours ! Aimons encore !
Quand l'amour s'en va, l'espoir fuit.
L'amour, c'est le cri de l'aurore,
L'amour c'est l'hymne de la nuit.

Victor Hugo

# TABLE DES MATIÈRES

REMERCIEMENTS


Atteindre ce but, c'est déjà un grand pas. Pour cette raison, sans mentionner leurs noms, je tiens à remercier ma famille, mes amis, mes élèves qui m'ont encouragé à entamer une telle entreprise. C'est grâce a eux, à elles que j'ai pris la décision de publier ces poèmes que j'ai écrits  il y a quelques années. Cependant, c'est Dieu que je remercie en premier lieu pour le don de la vie.

# INTRODUCTION

Dans un monde où l'on poursuit constamment le mal, le bien est oublié. La situation actuelle que vit l'humanité fait qu'on met plus l'accent sur la haine que sur l'amour. Pourtant, ce dernier est toujours plus présent que la première parce qu'on le sent et ce sentiment provient du cœur.

Le but principal de la poésie est de nous faire savoir et sentir que les sentiments du cœur sont universels, en ce sens qu'ils peuvent faire le pont, le lien entre l'autre et moi. En sentant ce que l'autre sent, je me reconnais en lui-même. En tant que tel, il devient un autre-moi-même. Cette ressemblance me permet de sentir ce qu'il peut sentir. De là, je peux me rendre compte que rien de ce qu'il sent, rien de ce qu'il souffre peut m'être étranger. Pour cela, on dit et on a raison de le dire : l'humanité a un seul et même cœur. Ceux-là qui font le mal s'écartent de ce principe universel et humain.

Tout ce qui ne vaut pas la peine d'être dit, soit on le chante ou l'on écrit. Ce qui est écrit résiste au temps et le surpasse en ce sens qu'il devient infini dans le temps fini. C'est l'humble objectif de ce recueil de poèmes.

Je pense ma parole avant de parler ma pensée, une phrase prise dans un contexte philosophique où l'argument rationnel en est le fondement. Je sens ma parole avant de dire ce que je sens, reflète en effet le terrain ou le champ de la poésie. Cette dernière n'est pas seulement le domaine du poète expérimenté qui a la possibilité de jouer plus facilement avec les mots, mais aussi et surtout de ceux ou celles qui veulent partager avec les autres ce que sentent leurs cœurs.

C'est dans ce contexte-là que j'ai décidé de mettre à la portée du public ces textes que j'ai écrits, il y a quelques années.

Le cœur a ses raisons que la Raison ignore, disait Blaise Pascal. Cette vérité veut être absolue. La raison n'a pas cette faculté de penser ce que sent le cœur, si l'on pense avec la tête et on sent avec le cœur. Celui-ci a ses propres arguments. Il cherche à tout prix à les défendre, non pas de manière rationnelle, mais de façon sentimentale.

La poésie reflète ce que le cœur sent. Pour cela, le poète n'a qu'à obéir aux dictées de son cœur afin de transmettre au public ce qu'il y a puisé. Ceci dit, écrire devient un besoin, une nécessité et non une décision.  En tout cas, la première est antérieure à la deuxième. L'inspiration, dans ce sens, vient justement de cette nécessité  qui n'est autre chose que celui du cœur. La poésie est née de cette nécessité de l'être humain de prendre conscience de soi et de l'autre. Le moi peut devenir l'autre et ce, vice-versa.

Si l'ennui est considéré comme le mal de l'âme, le but principal de la poésie est de libérer le cœur de l'homme ou la femme de l'angoisse qui l'emprisonne. La poésie, devenue parole, a le pouvoir de le faire. A cet effet, il faut dire que le poète n'a aucun pouvoir sur les mots qu'il utilise. Il est en quelque sorte un moyen que ceux-ci utilisent pour se faire connaître.

L'inspiration est en vous et chez vous, dit le poète. L'inspiration est aussi un besoin de se communiquer.

Chers lecteurs, vous avez entre vos mains un recueil de poèmes qui veut devenir pour vous, un copain ou une copine. Donnez-lui la chance de vous accompagner en tout temps et en tout lieu et vous ne le regretterez pas. J'espère que ces poèmes seront pour vous un moyen de vous rencontrer vous-mêmes. J'espère que vous rencontrerez dans ces textes des amis inconditionnels qui ne cessent de vous accompagner sur le chemin de la vie. J'espère qu'ils vous aideront à surmonter les angoisses de la vie.

J'espère, enfin, qu'ils vous permettront de retrouver la paix du cœur et qu'ils vous aideront à aimer le silence et voir la solitude comme le seul moyen de vous connaître et de là, être toujours avec vous-mêmes à chaque moment. N'oubliez pas que le désert de la vie est le symbole du silence où se meut l'esprit. Écrire ce que sent le cœur, c'est toucher les sentiments et ainsi les rendre palpables.

YVES ANDRÉ ELIAS

## AIME-MOI

Aime-moi et fais de moi ton refuge

Le cœur ne peut plus attendre

Baise-moi et emmène-moi avec toi

Au pays des dieux amoureux.


Dis-moi ce qui se passe au fond de ton cœur

Et je te dirai que le mien est en pleine forme

Le soleil de la vie le réchauffe.


Réveillons-nous, c'est l'aube

On y va tous les deux se promener la main dans la main

C'est le cœur même qui s'impose

Immédiatement tout a changé

On n'est pas seuls, mais on devient un seul corps.

## LA VIE, CE MYSTÈRE

La vie, ce mystère que je ne comprends pas,

Ma vie, ce mystère que je ne comprendrai jamais.

L'Esprit cet Être Mystérieux, immobile

Et pourtant qui meut tout.

Le bonheur qui est en moi

Et dont je suis toujours à la recherche

Comme l'aigle, cet oiseau du ciel

Qui vole en ouvrant ses ailes

Et qui s'impose comme roi de l'air.

Mon cœur n'a pas connu de joie,

Mon âme a connu des angoisses.

¡Oh, joie ! Ça fait longtemps

Que tu n'as pas frappé

À la porte de ce cœur angoissé

Mais reconnaissant envers Dieu et la vie.

## SI TU N'ES PAS CAPABLE  DE DIRE JE T'AIME

Si tu n'es pas capable  de dire
Je t'aime
Tu n'es pas digne
De l'amour que j'ai pour toi.

Si tu as peur de dire
Tu me manques
Tu ne participeras pas
Aux délices de mon cœur.

Si c'est difficile pour toi
De dire oui à ton cœur
Tu n'auras aucune part
Dans le royaume de l'amour.

Si tu écoutes avec patience
Les battements de ton cœur,
Il te dira ce qu'il sent
Il te dévoilera l'amour
Qui déborde en lui.
Il te dira qui
Il aime
Il te dira qui

Il sent qu'il aime

Il te dira à qui

Il appartient.

Ainsi tu pénétreras

L'un des plus grands

Mystères de la vie :

L'amour ne se pense pas

L'amour se sent

Il n'a pas d'yeux

Il agit sous l'égide de la

Passion, des sentiments,

Passion pour poursuivre ce qu'il sent

Sentiments pour conserver ce qu'il sent

Et que ce qu'il sent

Résiste au temps

Et que le temps où l'amour se déploie

Devient éternel

Éternel non pas pour s'ennuyer, se fader

Sinon, pour passer tout le temps

Pour être tout le temps

Avec l'être aimé

Pour être plus près de l'être aimé

L'être en tant qu'il est

Celui qui vient donner du sens

À ce que sent le cœur à la dérive

Et qui désormais peut se reposer

Tranquillement dans les bras de l'être aimé,

L'être qu'il sent

L'être qui le sent

Sous la vigilance constante du cœur

Qui bat

Et qui vit seulement

Parce qu'il sent

Que l'être aimé est là.

## ÂME DE MON ÂME

Âme de mon âme,

Le silence de mon amour pour toi me tue.

Infini est le temps fini,

Comme le cœur qui bat ;

Inépuisable sont ses mouvements,

À mes yeux qui te contemplent.

Tu m'as cherché là où je n'étais pas

Tu continues à me chercher là où je ne suis pas

Tu me cherches là où je ne suis plus

Pour cela tu n'as pas pu me trouver.

Alors, cherche-moi désormais

Là, où je suis

Et je t'assure que bientôt on se retrouvera.

Âme de mon âme

Je veux être toujours en toi.

## RÉCRÉATION POÉTIQUE

Le jour viendra où je serai avec toi

Je ne sais pas quand

Toi non plus, tu le sais

Mais le cœur le savait

Depuis bien longtemps

Avant même qu'on s'était connus.


Me voici près de toi

Avant que le coq chante.

Ris et réjouis-toi

Ici-bas, le bien est encore possible.

Seulement il faut le sentir dedans

Et rends-toi compte de ça :

La Vie est le bien suprême.

Allume le feu qui la maintient.


Ne t'éloigne plus de moi

Avec moi, tu auras presque tout

Y aura-t-il plus de temps

En ce jour où je ne serai qu'à toi ?

Le temps sera le meilleur témoin

Il nous épargnera de toutes calamités.

## APPRENDRE À DIRE MERCI

Le soleil se lève

On se réveille

On ouvre les yeux

On se lève

On dit merci.

On a encore une chance de vivre

On respire

Le cœur bat

On sent la vie

On remercie le ciel.

On vit la vie

On prend conscience de soi

On regarde autour de soi

On contemple la nature

Il est juste et bon de louer l'auteur de la vie.

On se touche

On sent notre corps

On n'est pas un fantasme

On est des êtres humains en chair et en os

On rend gloire à l'architecte de l'univers.


Malgré tout, il y a toujours une raison de vivre

Même si parfois on souffre, mais pas toujours

Parfois on est content

La vie est comme ça

On continue à dire merci.


On aime la vie

Vivre, c'est le plus grand  cadeau de l'Esprit

Vivre, c'est le louer á chaque instant

Vivre, c'est être reconnaissant

Vivre, c'est la preuve du plus grand amour.


Après la vie, c'est l'amour :

Le deuxième cadeau de l'Esprit

On reçoit la vie comme don

En plus, on a la possibilité d'aimer

Aimer, c'est continuer le miracle de la vie.


On n'aurait pas suffisamment d'argent

Même pour payer vingt-quatre heures de vie

La vie ne s'achète pas

L'amour ne s'achète non plus

Pour cela, il faut être reconnaissant

Vivre, c'est avant tout respirer

Vivre, c'est sentir son cœur qui bat

Vivre, c'est sentir le vent de l'Esprit souffler en soi

Vivre, ce n'est pas n'importe quoi.


Dans la vie, on connaît presque tout

On connaît l'amour et la haine

On connaît le bien et le mal

On connaît aussi la mort

Mais on sait que l'amour est plus fort que tout.


Comme être humain, conscient de soi,

On sait que c'est l'amour qui donne la vie

On sait que l'amour est la source de tout bien

On sait que l'amour est plus grand que la haine

On n'a rien de plus à dire sinon merci.


Presque toujours, on centre l'attention sur autre chose

Ce qui fait qu'on oublie l'essentiel

L'essentiel c'est l'Être

L'essentiel c'est contempler au-dedans de soi

L'amour de l'Esprit qui donne la vie au monde.


L'amour ce n'est pas moi, c'est toi

L'amour, c'est contempler ta présence en moi

L'amour, temporel, c'est déjà un élan vers l'infini

Car, l'Esprit qui se meut et qui meut tout
Ne meure jamais.


Dire merci est un devoir,
Vivre n'a pas de prix
Contempler sa vie dans la vie,
C'est contempler l'Être en tant qu'Être
Qui fait germer la semence de vie en tout.


Mais l'amour est plus grand que la vie
L'existence est possible par amour
C'est l'amour qui crée tout
C'est l'amour qui maintient tout
C'est l'amour qui donne la vie au monde.


Le *« je »* n'est pas possible sans le « tu »
L'auteur de la vie le sait
Moi aussi, je le sais
Mon existence est possible
Grâce à l'amour que tu as pour moi
Je n'existe pas sans toi.


Dire merci doit être un impératif catégorique
C'est être reconnaissant envers la vie
C'est, en premier lieu, reconnaître celui qui la crée
C'est reconnaître sa présence en tout

C'est le louer à chaque instant,

Chaque heure, chaque minute, chaque seconde

Il faut apprendre à dire merci.

Car vivre, c'est être reconnaissant

Envers Dieu et envers la vie.

## CONTEMPLER LA VIE

Vous avez un corps, vous êtes un être humain
Vous sentez votre cœur qui bat
Vous recevez le don de l'intelligence
Vous dites merci pour ça.

Vous vous couchez, vous vous reposez
Vous prenez votre temps pour faire ce que bon vous semble
Vous fermez les yeux et vous dormez
Vous devez dire merci.

Vous ouvrez les yeux, vous vous réveillez
Vous savez que vous vivez, vous vous mouvez
Vous prenez conscience de vous-même
Vous remerciez le ciel.

Vous vous reconnaissez comme un être  fini
Vous travaillez pour gagner le pain quotidien
Vous faites ce que vous voulez
Pout tout ça, vous devez être reconnaissant envers la vie.

Vous avez une famille, vous vivez tranquillement
Vous vous sentez bien, vous jouissez d'une bonne santé
Vous avez des amis et même des adversaires
Il faut, quand même et malgré tout, dire merci.

Vous parlez une langue,

Vous êtes capable d'apprendre d'autres

Vous pensez à une personne spéciale,

Vous aimez cette personne

Vous détestez l'insécurité et les mauvais gouvernants

Vous avez encore une raison de dire merci.


Vous êtes célibataire, mais vous avez des amis

Vous pouvez aimer à qui vous voulez

Vous marchez et vous courez

Il y a toujours une raison de dire merci.


L'amour est dans l'air,

Votre cœur bat très fort pour quelqu'un

Sans le vouloir, vous livrez votre cœur

Sans le vouloir, une personne vit en vous.

C'est merveilleux, il faut dire merci.


Vous dites ce que vous pensez

Vous faites parfois ce que les personnes veulent

On ne peut pas faire toujours ce qu'on veut

La vie reste un mystère, vivez ce mystère, c'est gratuit

Vous voyez, il est temps de dire merci.


Vous buvez de l'eau et aussi de la bière

Vous écrivez des lettres d'amour

Vous envoyez des baisers à une personne très spéciale,

Mon Dieu, comment ne pas dire merci ?


Vous souriez et vous riez

Vous pleurez et vous recevez des consolations

Vous avez froid et vous avez chaud, c'est la vie

Vous avez encore la chance de dire merci.


Les raisons pour lesquelles que

Vous devez dire merci sont multiples

Et même infinies si vous voulez

Vous croyez en quelque chose,

Vous pensez à quelqu'un.

Vous comprenez ?

La reconnaissance est la mémoire d'un cœur attentif.


Maintenant, vous apprenez une nouvelle langue

Vous vous rendez compte que le monde n'a pas de frontière

Vous lisez des phrases et vous comprenez peu à peu

Pour tout cela, vous avez une raison de dire merci.


La connaissance permet d'ouvrir les portes du monde

Partout vous entendez de nouvelles choses

Vous attendez votre tour pour prendre votre élan

C'est votre vie. Vous avez la chance de remercier le ciel.

Vous êtes en train d'écrire, vous réfléchissez

L'apprentissage renforce les muscles de l'esprit

L'ignorance perd la bataille et même la guerre

Rendez-vous compte de tout cela !

Vous avez encore une dernière opportunité de dire merci.


Maintenant, vous êtes en train de penser le présent

Dans quelques instants vous allez faire autre chose

Vous venez d'arriver il y a quelques minutes

Ça, c'est votre dernière chance

D'être reconnaissant envers la vie.

## PETIT POÈME POUR TOI

Voler au-dessus des nuages et des océans
C'était tout juste de te rencontrer
Sans le savoir mais pourtant le désirer
Le destin avait un plan bien défini.

Il n'était pas trop tard comme je l'avais pensé
Pour prendre le chemin vers les sources d'eau
Sans le savoir, avec toi, j'avais rendez-vous
Et sans aucune planification, c'était excellent.

Qui dit que le destin n'existe pas?
Qui ne croit pas en l'improvisation?
Presque toujours  c'est le destin qui décide
Les plans qu'on fait restent en l'air.

Bien qu'on ne le sache, la vie a toujours de bonnes surprises
Elle nous les révèle toujours au moment opportun
Les révélations de la vie pour nous
Sont des secrets mis à jour,
Secrets conçus depuis le plus profond de notre être.

Prendre le chemin du retour sans toi
Mais sans t'oublier ni un seul instant
C'était te contempler sur mon passage
Tout au long de ce trajet

Tout le temps au-dessus des nuages qui se meuvent.

Emprunter des ailes afin de survoler le ciel bleu

Et en même temps le contempler au-dessous de moi

C'était faire l'expérience du reflet du temps qui passe

Un temps qui passe

Mais qui me permet de te contempler en moi.

Visiter le passé dans le présent

C'était capable de construire des pyramides imaginaires

M'imaginant près de toi afin de les contempler les deux

Et se rendre compte

Que le passé est toujours dans le présent.

Penser le passé dans le présent

Le contempler avec toi, c'était tout juste d'expérimenter

Notre passé et le revivre dans le présent

Au milieu des bruits du passé devenus silence du présent.

Mais ce silence impatient n'est plus qu'actif

Il ne dort pas, il ne se repose pas jusqu'à te rencontrer

La rencontre des deux silences produit la parole

Et c'est au moyen de celle-ci comme langage

Qu'on a pu se mettre d'accord.

Parfois, on ne trouve pas ce qu'on cherche

Cependant ce qu'on n'a pas cherché surgit

Parce que c'était les désirs les plus ardents du cœur

Un cœur qui nous révèle des secrets

Que la raison n'a pas pu dévoiler.


Je ne sais quoi écrire de plus

Même si ce que je sens ne s'achève pas

Ce que je n'arrive pas à écrire pour le moment

Le cœur le garde pour le révéler après

Comme bon lui semble.


Contempler les nuages comme de petites tentes

Comme s'ils étaient des masses de fumée,

C'était reprendre le chemin du présent qui me conduit à toi

Sans oublier le passé qui nous a permis

De nous rencontrer sans nous connaître avant.


Te toucher sans te toucher,

C'est réveiller la mémoire du cœur égarée dans le passé

Afin qu'il se rende compte qu'il vit une ère nouvelle

Une nouvelle ère entre toi et moi.

## PROMENADE SOUS LA PLUIE

Sous l'ombre des nuages qui pleuvaient

Elle était à mes côtés

Le froid du temps apparemment froid

Se transformait en chaleur pour mon corps.


Puisqu'elle était là, je n'étais plus seul

Et je ne pouvais pas non plus sentir

Le poids de la solitude

Qui se présente à chaque moment de la vie.


Sous l'ombre des nuages

Je n'étais pas dans l'ombre

La lumière de celle qui était auprès de moi

M'emparait et cet instant, c'était comme le soleil naissant.


Sous le ciel pleurant en présence des nuages

Qui s'écoulent depuis la terre

Je contemple la tristesse du ciel

En même temps que ce dernier contemple

Ma joie en pleine croissance.


Sous le ciel gris qui montre au monde ses déboires

La nature étale tout ce dont elle a de bon

Elle montre le vert de la vie

Pendant que je contemple paisiblement l'amour

Qui déborde mon cœur.

24

## L'AMOUR A TOUT CHANGÉ

Touche mon cœur et sens comment il bat

Il bat fort parce qu'il détecte ta présence

Les deux présences se fusionnent

Et l'une se perd dans l'autre.


Touche mon âme avec tes mains tendres

Et dis-moi comment tu te sens

Respire-moi come l'air qui donne vie

Sens-moi à tes côtés

A chaque instant de ta vie

Raconte-moi le changement

Que tu sens en toi.


Tout a changé

Je ne suis pas seul

Et d'ores et déjà je ne serai plus seul

Parce que j'ai réussi

À trouver mon âme-sœur.


Ne raconte ce changement à autrui

Seulement conserve-le au tréfonds

De ton cœur pour toujours.


Touche, respire et sens

Regarde, comment l'amour a tout changé.

## L'AMOUR SE SENT

Le soleil naissant annonce l'aurore

C'est déjà les ténèbres qui jouent leur sort

Déjà, je te sens comme l'air

Que je respire en plein air

En ce beau jour de printemps

Où la nature prend du temps

Pour mieux accoucher le jour ensoleillé,

Un jour protégeant l'amour réveillé.


Je te fais des yeux doux

Car à cause de ton regard, je deviens presque fou

Je te contemple dans ta personne

Je te touche avec la main de mon cœur

Je vois comme tu es bonne

Bien que de partir c'est déjà l'heure

Et moi brûlé dans ma faiblesse pour toi

Je ne vois et je ne sens que toi.


La froideur du temps de la solitude me paralyse

Pourtant la chaleur de ton cœur me réchauffe

Cette solitude bruyante me dépouille de Venise

En ce beau matin où l'hiver fait rage.

C'est un temps précieux où pour aimer il n'y a pas d'âge

Et que tous sont jeunes et peuvent sentir

Et que des cœurs les plus jeunes l'amour peut sortir

Aimer, c'est chercher et respirer dans la nature

Le parfum de ta présence qui nous rend heureux

Tous les deux.

## IL FALLAIT ATTENDRE

Il fallait attendre tant de temps

Il fallait lutter contre le désespoir

Qui ne voulait plus attendre

Et voilà maintenant

Que tout a changé

Depuis le jour où je t'ai connue

Connaissance de soi

Connaissance de nous-mêmes.


Le cœur ne peut plus attendre

En tout cas

Il ne veut plus comprendre

Il ne veut rien comprendre

Il ne sait rien

Ça ne l'intéresse pas non plus de savoir

Il prétend de savoir ce qu'il ne sait pas

Il veut savoir ce qu'il ne saura jamais

Pour cela, il devait avoir ses propres raisons


Le cœur parvient à se rendre compte

Qu'il n'a pas la faculté de comprendre

Sinon de sentir et de refléter

Ce qui se passe dans l'âme

Le cœur sent ce qu'il veut sentir

Bien qu'il n'est pas régi

Par une volonté externe

Il est régi par sa propre volonté

Cette volonté qui est celle

Du cœur n'obéit à rien d'autre.

Qui ne provient que de lui-même


Le cœur n'a pas de temps

Il ne connaît pas de limites,

Il ne connaît pas de bornes

Il est toujours jeune


Chaque fois plus jeune

Parce qu'il ne cesse de sentir

Ce qui donne du sens à ses battements.


Ô cœur qui ne vieillit pas !

Ô cœur qui ne connaît

Aucune  limite dans le temps !

Permets-moi et fais-moi sentir

Qu'elle est toujours là en toi

Et garde-la sous ta vigilance

Afin qu'en toute liberté

Elle y reste.

Le temps s'arrête

Le cœur continue à se mouvoir

Elle se meut hors du temps

Elle s'échappe des emprises du temps

Elle a tout le temps

Elle n'est pas dans le temps

Il est au-dessus du temps.


Le cœur n'a pas de limite

Elle peut sentir même hors du temps

Hors du temps

Elle conserve sa mémoire

Elle n'oublie jamais

Ce que ta présence

Le fait sentir.


Il ne s'inquiète plus

Il fait la paix avec mon âme

Parce que tu es là

Tu es là en moi

Pour toujours.

## SENTIR SANS SAVOIR

Elle était là auprès moi

Elle passait son temps

À me regarder dans les yeux

Elle me souriait sans cesse

Cependant, elle était celle que

Mon cœur rêvait de connaître assez longtemps.


Elle passait sur ma route

Je la croisais toujours sur mon passage

Elle mangeait au même restaurant que moi

Elle apprenait les mêmes choses que moi

Cependant, sans le savoir

Elle était celle que mon cœur cherchait.


Elle vivait la même histoire d'amour

Elle pensait à un homme comme moi

Elle me caressait en me faisant des yeux doux

Par son regard, elle m'invitait à être son ami

Pourtant, sans le savoir

Elle était celle que mon cœur attendait

Pour apaiser sa faim et sa soif.

Elle était le moteur de mon cœur

Elle était le soleil qui éclairait mes ténèbres

Elle était auprès de moi à chaque instant

Je sentais sa présence mais je n'arrivais

Pas à découvrir sa personne

Elle était au tréfonds de mon cœur

Et moi, sans le savoir, je la cherchais

En dehors de mon cœur.


Mon cœur était tellement préoccupé

Que je n'arrivais pas à la sentir

En moi-même

Mon sentiment se sentait plus ailleurs

Qu'à l'intérieur

Pourtant elle était l'unique au monde

Qui préservait mon cœur

Des sentiments qui n'étaient pas

Consacrés à l'amour

Et l'amour que j'avais, sans le savoir,

Était pour elle

Et tout était fait par elle

Et pour elle.

## LA NUIT OBSCURE

La nuit obscure

N'était pas comme les autres

Elle était différente

En elle, se donne une rencontre importante.


Bien que c'était le produit du hasard

Celui-ci a donné place

À ce qu'on a voulu

Il y a longtemps de ça.


Le hasard de l'inconnu,

Pourtant, n'était pas une occasion de peur

Au contraire, tout se donne dans le calme,

La tranquillité de soi et une franche ouverture.


Derrière l'écran de l'ordinateur

Deux inconnus s'écrivaient

Pour partager leurs inquiétudes

Ce qui était inconnu devient connu.


Parfois dans la vie, le choix est imminent

Il s'impose de manière sûre

Comme le jour succède forcément à la nuit,

Nuit et jour comme deux gouttes d'eau égales.

La nuit obscure était si lumineuse

Qu'elle éclairait tout l'espace où je me trouvais

La lumière derrière l'écran

S'est transformée en sourire d'un être.


La nuit obscure pourtant lumineuse

A donné lieu à une rencontre attendue

Celle-ci est à célébrer chaque jour

La joie qu'elle apporte déborde dans le cœur.

## COUCHER DE SOLEIL

Les pas du soleil derrière la mer

Annoncent déjà la nuit

Mais le temps n'est pas encore fini.

C'est la nuit mais pas l'obscurité puisque

Les rayons du soleil continuent à nous éclairer

Au moyen de la lune et des étoiles.

Ce n'est pas encore l'heure de dormir

Car il faut contempler la nature qui se meut

Et qui continue avec la création peu à peu.

La nuit, c'est la création

Dans toute sa splendeur.

Le soleil vient d'éteindre son feu

Mais, ce n'est pas encore le repos

Parce qu'il faut continuer à marcher

Sur le bord de la mer pour regarder

Les oiseaux qui volent.

Le soleil s'absente mais pas encore la fin

C'est à peine que la vie commence.

Plonger dans le sein de la nature,

C'est trouver du repos

En attente d'un nouveau soleil.

Bien qu'il n'y ait rien de nouveau,

C'est le même soleil qui se lève sur nos jours,

Annonçant un nouveau lendemain durant lequel

Le cœur bat et la vie continue.

## PRÉSENCE DE L'AMOUR

Au temps de la confusion,
L'amour vient tout éclairer
Sa venue apporte l'espérance et la joie
Avec lui, il y a une vraie raison de vivre.

L'amour transforme le cœur qui le sent
Il le guérit de toutes ses blessures passées
Il refait ses forces
Et la personne a envie de continuer à vivre.

L'amour, quand on le sent
Transforme la faiblesse en force interne
Met fin à la solitude
Et prépare la place à l'unité.

Unité, deux deviennent un,
Un devient deux
C'est cette réciprocité, ce va et vient
Qui fait que l'amour perdure dans le temps.

L'amour perdure dans le temps
Et aussi dans l'espace, il est partout
Il est dans les cœurs qui le sentent
À ceux-ci, il leur apporte la paix.

L'amour présent dans les cœurs

Fait de nous des anges terrestres

Il transforme nos bras en ailes

Et la temporalité en éternité


L'humanité entière a soif d'amour

Elle a soif du plus grand amour

Qui consiste à aimer

Sans rien attendre en retour

Elle a soif de l'amour éternel dans le temps


Le cœur qui aime mourra

L'amour qu'il sent dans le temps mourra aussi avec lui

La tentation dans le temps de l'amour temporel

C'est de l'éterniser comme s'il était éternel

Le temporel ne doit pas se confondre avec l'éternel.


L'amour éternel qui veut s'imposer dans le temps

N'est autre chose que l'éternité qu'on aspire

Et qu'on essaie de projeter d'ores et déjà

Au cœur même de la temporalité

Voulant la transformer en éternité

Tout en sachant qu'il ne l'est pas.

Essayer ainsi de le penser

En sachant qu'il ne l'est pas

Est une illusion du cœur

Qui unit pensée et sentiment

Qui les prend comme arme

Afin qu'ils arrivent jusque dans l'éternité


L'éternité de l'amour n'est ni dans le temps

Ni dans l'espace

Elle est un état où il n'y a de place

Ni pour le temps ni pour l'espace

L'espace fusionné avec le temps

Laisse d'un coup le champ de la temporalité

Pour embrasser celui de l'éternité

L'éternité n'est ni l'espace ni le temps

Mais un état pur dans lequel on peut

Contempler les choses avec les yeux de l'âme.

## EN PENSANT À TOI

Les étoiles du ciel

M'enlèvent jusqu'à l'arc-en-ciel

Je suis au milieu des nuages

De là je grandis en âge.


Même dans le ciel je pense

Je me souviens de la terre, je danse

Puisque tu combles l'espace

De ma pensée qui fait surface.


Ça ne vaut pas la peine

D'être au ciel sans toi sous peine

De ne pas me perdre

Cependant, en toi, je peux me perdre.


En toi, surgit un espace pour ma pensée

En toi,  j'ai une raison pour danser

En toi, je crois que je vis

Car, ce que je sens en toi vit.

## IMPROVISATION D'AMOUR

Je suis pauvre
Mais je suis riche d'amour
Pourquoi tu m'as voulu jouer un tour ?
Tu as voulu être avec un autre.

Je suis pauvre d'argent
Mais je suis riche de tendresse
Tu ne veux pas recevoir mes caresses
Tu as voulu plutôt être avec les gens.

Je suis dépourvu de tout
Mais j'aurai tout si tu veux
Je veux faire avec toi un en deux
En attente je deviens presque fou.

Je suis tout petit, tout seul
Mais, pour toi, j'ai un  cœur grand
Mon cœur je l'ouvre assez grand
En lui tu as ton refuge, tu n'es pas seule.

De ton amour pour moi, j'ai peur
De ne perdre en vain mon cœur
Qui est du tien, âme-sœur
De ton amour, j'espère qu'elle garde sa saveur.

## LA TRISTESSE DANS LA JOIE

Je suis vraiment désolé

Puisque quelqu'un t'a volé

Bien que je t'attends

En ce lieu depuis longtemps.


La vie est pleine de roses

Qui me permettent d'écrire en prose

En elle, je respire la joie

Que me promet ma foi.


Mais aussi je suis triste

Pour cela je ne suis plus guitariste

En ton absence, je perds toute l'inspiration

Et depuis, c'était du temps une conspiration.


Ma tristesse a arrêté le chant des oiseaux

Elle coupe la joie de la nature avec des ciseaux,

Ciseaux dangereux pour nous deux

Quand le soleil brille à plein feu.


La tristesse a étouffé la joie première

Comme une noyade vécue en pleine rivière

Ma joie s'est totalement perdue

Ma tristesse est complètement suspendue.

## ÊTRE DEUX SOUS LE CIEL

Sous le ciel étoilé, je suis là

Elle est là aussi auprès de moi

Je regarde autour de moi et je contemple tout

Elle est aussi belle que la lune

Il y a autant d'étoiles que de lumière

Mais c'est seulement l'amour qui nous illumine.

Je travaille autant qu'elle

Bien que je passe plus de temps à l'école

C'est ça la vie

On peut faire plus que l'autre

Mais on arrive à s'entendre.

Tous les deux, on travaille bien

Même si parfois je pense qu'elle travaille

Mieux que moi

Ce n'est pas tout le temps

Parfois je travaille aussi bien qu'elle

Et ainsi je suis aussi heureux qu'elle

Quoi dire de plus?

Pendant le Week-end, il parait

Que j'aie moins d'activités qu'elle.

Mais au fond, elle n'a presque pas de temps

C'est-à-dire que j'ai plus de temps qu'elle

Pour faire toutes mes activités.

## JE VEUX QUE TU LE SACHES

Je veux que tu le saches

Et que tu ne l'oublies jamais :

Ton nom est écrit dans ma mémoire pour toujours.

La maladie de l'oubli n'aura aucun pouvoir

Sur ce secret révélé

Ni dans le temps présent, ni dans le temps futur.


Ce secret entre toi et moi,

La tempête de la vie ne peut l'emporter.

Car il est bien cimenté dans mon cœur.

Ce ciment invincible,

C'est l'amour inamovible

Qui peut tout et qui résiste à tout

Et qui se place au-dessus de tout.


Ce cœur qui sent tout pour toi

Gagne tout en toi

Parce qu'avec toi

Il a obtenu le plus grand trésor

Que la vie ait pu donner : Ton cœur et toi.

Ce trésor caché depuis bien longtemps

M'a pu être révélé grâce à toi

Puisque l'amour qui débordait en moi pour toi

T'a longtemps cherchée

Et maintenant il t'a rencontrée.

C'est cette rencontre tant attendue

Qui rend possible l'union des deux cœurs.

Ces deux cœurs sont transformés

Par l'amour en moi pour toi en un seul.

# Ô MON AMOUR !

Ô mon amour !
Temps de mon espace
Espace de mon temps
Tout mon être s'abandonne à toi
Je t'attends toujours.

Depuis le lever
Jusqu'au coucher du soleil,
Je ne cesse de penser à toi
Penser à ce que je sens :
Tout ce qui donne du sens  à ma vie.

Mon cœur ne sent que toi
Mon âme pense à toi
Tout mon être respire en toi
Pour que l'amour ne se repose jamais.

Le soleil ne brille pas seulement de nuit
Il partage sa lumière avec la lune
Toi, le soleil, moi la lune
Je m'unis à toi pour toujours.

Le temps qui passe
Ne passe pas pour nous,
Le temps devient éternité
Je suis à toi, tu es à moi
Mon cœur t'appartient.

Avec toi, j'arrive au sommet de la montagne,
Je parviens à contempler la lumière
Qui donne du sens à ma vie ;
Ma vie n'a de sens qu'en toi
Ô mon amour !

# AMOUR COMME COMMENCEMENT DE L'EXISTENCE

Amour comme commencement de l'existence,

Mouvement infini qui entoure la création,

On est tous remplis d'amour.

Union du ciel, de la terre et de toute l'existence

Retour vers l'infini, le fini et l'infini.


Sans amour, rien n'est rien

On en a beau parler depuis longtemps

Le temps plein d'amour dans l'existence finie

Est devenu un temps dans les cœurs infinis ;

Infini comme union de tout ce qui existe

Loin de l'éternité mais déjà dans l'éternité.


En tout temps, en tout lieu

Réjouis-toi sans cesse, car

Il y a vraiment du sens dans la vie.

Eclipsé par la force de ton cœur

Avant qu'il fasse nuit, j'étais déjà dans tes bras.

## VIENS AVEC MOI

Viens avec moi car le hasard a déjà fait les premiers pas

Il n'est rien qui soit plus évident que ça

Avant que le soleil ferme les yeux

Non loin de nous, les pélicans volent au-dessus des eaux

En toi, je sais que je peux confier

Y-a-t-il un instant paisible sans toi?


Vers l'unique instant qui conduit au bonheur,

Instant où le hasard s'impose

Accapare-toi de nous et unis-nous

Non seulement maintenant, mais aussi toujours.

Emmène-nous loin des bruits de ce monde, dans tes

Yeux, j'ai pu contempler l'amour qui jaillissait de ton cœur.


Vite, tu as pris place en moi

Il suffit trois jours pour arriver à ça

À un temps où tout le monde se méfie de tout

Naturellement tout se donne

Et tout ce qui arrive a un pourquoi

Je ne cesse de penser à toi.

## AIME- MOI COMME JE T'AIME

Aime- moi comme je t'aime

N'aie pas peur, je serai toujours avec toi.

Gardienne infatigable de mon être

En toi,  je me repose en paix.

Le temps est venu pour être avec toi

Ecoute ce que ton cœur te dit de moi

Sans aucun doute, il te dira que je t'aime


Me voici sur la route qui conduit au bonheur

Au matin où le vent de la vie ne perturbe pas

Regarde-moi, oh vie, au-dedans de toi

Incapable d'arriver au but fixé

Bien docile dans tes bras, je suis comme un

Enfant qui contemple le ciel étoilé

La nuit ensoleillée qui dissipe les ténèbres de l'espace.


Il y a deux cœurs qui se donnent la main

Ne les écarte pas ! C'est impossible, car

Dans tes yeux je contemple les étoiles.

Il y a deux corps qui se regardent

Réjouissez-vous hommes et femmes du monde

Allez tous ensemble avec nous à la fête.

## JE SUIS SEUL

Je suis seul

Mais je ne me sens pas seul

Parce que j'ai le cœur

Rempli de présence.


Dans le silence de la vie, je n'écoute

Que les battements  de mon cœur qui

Disent : j'aime.


Si tu laisses que je t'aime et si

Tu laisses que ton cœur accepte

Mon amour pour toi

Je t'aimerai pour toujours.

## SOUS L'ŒIL VIGILANT DE LA LUNE

Sous l'œil vigilant de la lune
Tous les sentiers sont illuminés
L'amour est partout.

À la fin du jour qui s'efface
L'aube est ce que nous attend
Bien qu'elle arrive, on
Attend, on l'attend, je t'attends aussi.

T'aimer,
C'est te sentir en moi
Avant même de t'avoir connue.

Le cœur doit vivre d'amour
Sans quoi, il vieillit.

Tu me traînes par une seule aile
Maintenant je ne peux ni voler,
Ni marcher
Je n'ai d'autres chemins
Que toi seul.
Je n'ai qu'un seul chemin

Mon unique chemin c'est toi
Parce que
C'est toi seul qui remplis le vide
De ma solitude.


T'aimer,
C'est te sentir en moi
Avant même de t'avoir connu.


Le cœur doit vivre d'amour
Sans quoi, il vieillit.

## RÉELLEMENT, JE ME SENS CHANCEUX

Réellement, je me sens chanceux de t'avoir connue

En ce beau jour, secoué par un tremblement de terre.

Ne m'oublie pas puisque je ne t'oublie non plus

Eh bien! Je t'attends quand tu seras de retour

En toi je confie, tu peux compter sur moi


Cadeau, c'est ce qu'on donne ;

Aime tout ce qu'on vous offre

De la vie et aime la vie même.

En effet, la vie est le plus grand cadeau :

Accueillir la vie comme elle est,

Unir de toutes mes forces l'univers

Un cadeau quoiqu'il en soit, c'est un cadeau.


Pourtant,

Le soir arrive et moi, tout seul devant ma lampe allumée

La porte de mon cœur refuse de se fermer

Elle est toujours ouverte, toujours elle t'attend

Sans repos et avec espoir, je t'attends tout le temps.

## TES YEUX ILLUMINENT LES OMBRES DE L'AUBE

Tes yeux illuminent les ombres de l'aube

Libèrent du froid de la nuit et

Indiquent l'arrivée d'un nouveau jour.


J'aime contempler ces beaux yeux

Qui brillent comme le soleil naissant.


Je t'aime,

Toi qui es toujours présente en ma pensée

Toi qui fais vibrer mon cœur.


Mademoiselle,

Donne–moi ta main

Et tu ne le regrettes pas.

Mets tes lèvres dans les miennes

Et tu goutes déjà la douceur du paradis.

Mets tes yeux dans les miens

Et tu sauras ce que

C'est que l'infini.

Écoute les battements de mon cœur

Et tu te rendras  compte

Combien il déborde pour toi.

# À PROPOS DE L'AUTEUR

Écrire, c'est quoi? Écrire c'est une nécessité du cœur. C'est une thérapie. C'est un besoin d'être avec soi-même, être pour soi-même et autrui. C'est dans ce contexte-là que je publie  ce petit recueil de poèmes.

Je m'appelle Yves André ELIAS. J'ai fait des études de philosophie respectivement à l'École Normale Supérieure (ENS) de l'Université d'État d'Haïti (UEH) et la Universidad Autónoma Metropolitana (UAM) au Mexique.

Dès l'enfance, je suis passionné pour l'écriture et la lecture. Ceci dit, en ce qui concerne la littérature haïtienne, l'un de mes écrivains favoris est  Jacques Roumain, l'auteur du célèbre roman « Gouverneurs de la rosée ». En ce qui a trait à la littérature française, les écrivains comme Alphonse de Lamartine et Victor Hugo m'ont attiré l'attention.

Si l'on m'interroge sur les écrivains de la littérature mexicaine, je peux répondre qu'il y en a deux pour lesquels j'ai une grande admiration : Juan Rulfo et Octavio Paz.

Pour conclure, je peux mentionner que celui (celle) qui écrit, écrit ce qu'il (elle) pense, ce qu'il (elle) sent en voulant le partager avec d'autres. C'est sortir de soi pour aller vers l'autre. Ça, c'est sans doute un acte d'amour. Justement, c'est ce que  les lecteurs trouveront dans ce recueil de poèmes que j'intitule « Les mots du cœur ».